Vamos a ordenar / Sorting

Clasificar dinero
Sorting Money

por/by Jennifer L. Marks

CAPSTONE PRESS
a capstone imprint

A+ Books are published by Capstone Press,
1710 Roe Crest Drive, North Mankato, Minnesota 56003.
www.capstonepub.com

Books published by Capstone Press are manufactured with paper
containing at least 10 percent post-consumer waste.

Library of Congress Cataloging-in-Publication Data
Marks, Jennifer, 1979–
  [Sorting money. Spanish & English]
  Clasificar dinero = Sorting money / por/by Jennifer L. Marks.
    p. cm.—(Vamos a ordenar = Sorting)
  Includes index.
  Summary: "Simple text and color photographs introduce basic ways to count money—in both English and
Spanish"—Provided by publisher.
  ISBN 978-1-4296-8255-8 (library binding)
  1. Group theory—Juvenile literature. 2. Money—United States—Juvenile literature. I. Title. II. Title: Sorting money.
III. Series.
QA174.5.M37618 2012
512'.2—dc23   2011028678

Credits

Strictly Spanish, translation services; Ted Williams, designer; Kathy McColley, bilingual book designer;
    Charlene Deyle, photo researcher; Scott Thoms, photo editor; Kelly Garvin, photo stylist;
    Laura Manthe, production specialist

Photo Credits

American Numismatic Association Money Museum, 29 (top)
BigStockPhoto.com/Christy Thompson, 27 (top)
Capstone Press/Karon Dubke, cover, 2–3, 4, 5, 6, 7, 8, 9, 10–11, 12–13, 14–15, 16–17, 18–19,
    20–21, 22–23, 24, 25, 28
iStockphoto Inc./Dane Wirtzfeld, 29 (bottom)
PhotoEdit Inc./Cindy Charles, 26
SuperStock/Dwight Ellefsen, 27 (bottom)

Note to Parents, Teachers, and Librarians

The Vamos a ordenar/Sorting set uses color photographs and a nonfiction format to introduce
readers to the key math skill of sorting. *Clasificar dinero/Sorting Money* in English and Spanish is
designed to be read aloud to a pre-reader, or to be read independently by an early reader. Images
and activities encourage mathematical thinking in early readers and listeners. The book encourages
further learning by including the following sections: Table of Contents, Facts about Money, Glossary,
Internet Sites, and Index. Early readers may need assistance using these features.

Printed in the United States of America in North Mankato, Minnesota.
042013   007267R

Table of Contents

Tabla de contenidos

Money, Money, Money

Look at all the loot! Lemonade stands are a great way to make some summer spending money.

¡Mira todo el tesoro! Los puestos de limonada son una gran manera de hacer dinero para gastar en el verano.

4

¡Dinero, dinero, dinero!

But now what? Sorting can help you see what money you have and how much it's worth.

¿Y ahora qué? Clasificar dinero puede ayudarte a ver cuánto dinero tienes y cuánto vale.

Pennies, quarters,
nickels, and dimes!
Each kind of coin looks
a little different.

¡Monedas de un centavo,
monedas de veinticinco
centavos, monedas de cinco
centavos y monedas de diez
centavos! Cada tipo de moneda
se ve un poquito diferente.

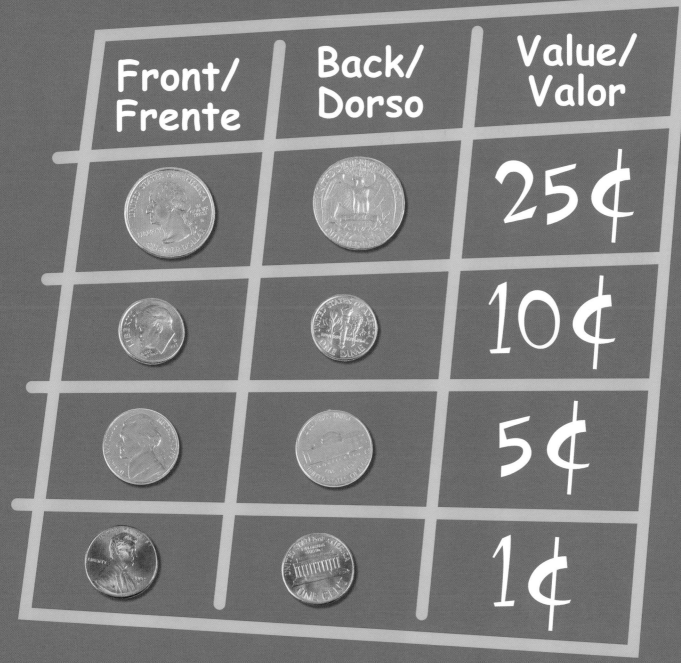

Front/ Frente	Back/ Dorso	Value/ Valor
		25¢
		10¢
		5¢
		1¢

Here's the real size of the coins, front and back. Do you know what each one is worth? A lowercase c with a line through it stands for "cents."

Este es el tamaño real de las monedas, de frente y del dorso. ¿Sabes cuánto vale cada una? Una 'c' en minúsculas con una línea que la cruza significa "centavos".

Dollar bills are money that's printed on paper.

Los billetes de un dólar son dinero impreso en papel.

8

A one dollar bill is worth 100 cents. Do you know whose face is on this bill? George Washington, the first president, is the one.

Un billete de un dólar vale 100 centavos. ¿Sabes la cara de quién está en el billete? Es la de George Washington, el primer presidente.

Sort It Out

You can sort money by grouping the same kinds of coins together—quarters, dimes, nickels, pennies.

Clasifícalo

Tú puedes clasificar dinero agrupando los mismos tipos de monedas: monedas de veinticinco centavos, monedas de diez centavos, monedas de cinco centavos, monedas de un centavo.

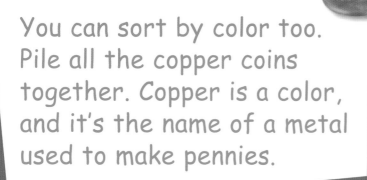

You can sort by color too. Pile all the copper coins together. Copper is a color, and it's the name of a metal used to make pennies.

También puedes clasificar por color. Apila todas las monedas de cobre. El cobre es un color y es el nombre de un metal usado para hacer monedas de un centavo.

Sort all the silver
coins into another pile.

Clasifica todas las monedas
plateadas en otra pila.

Run your finger over the skinny edge of a coin. Does it feel bumpy or smooth?

Desliza tu dedo sobre el borde delgado de la moneda. ¿Se siente suave o desigual?

14

These coins are sorted into sets with bumpy or smooth edges.

Estas monedas están clasificadas en juegos de bordes suaves o bordes desiguales.

Coins can be sorted by size too. Try sorting smallest to biggest.

Las monedas también pueden clasificarse por el tamaño. Trata de clasificarlas de más pequeñas a más grandes.

Dimes are the smallest and quarters are the biggest. What comes in between?

Las monedas de diez centavos son las más pequeñas y las monedas de veinticinco son las más grandes. ¿Cuáles están en el medio?

Money can be sorted by value,
or how much it's worth.

El dinero puede clasificarse
según su valor o cuánto vale.

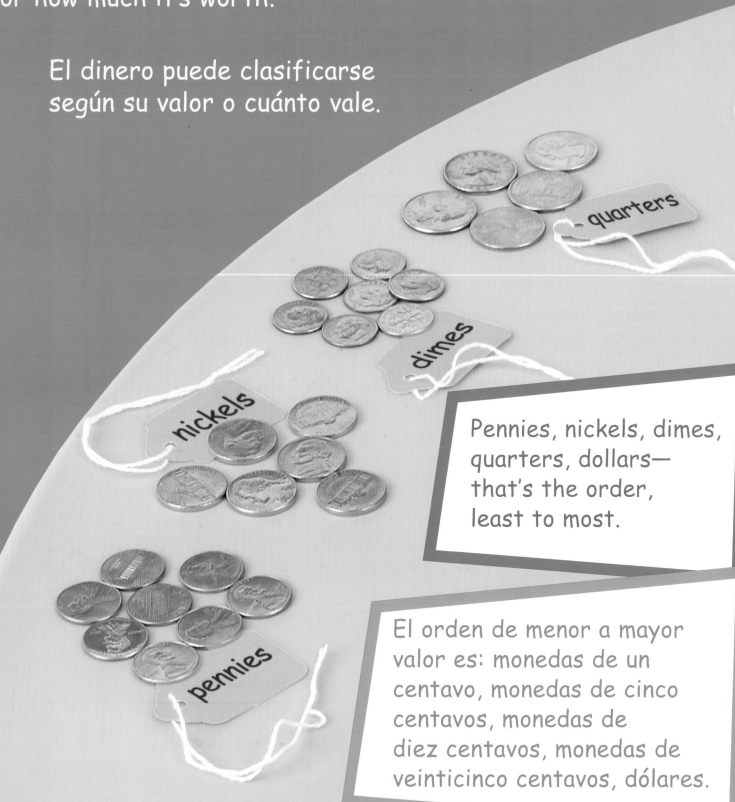

Pennies, nickels, dimes,
quarters, dollars—
that's the order,
least to most.

El orden de menor a mayor
valor es: monedas de un
centavo, monedas de cinco
centavos, monedas de
diez centavos, monedas de
veinticinco centavos, dólares.

quarters

dollars

Let's try that backward! From dollars down to pennies, this money is sorted from greatest value to least.

¡Tratemos eso de atrás hacia adelante! De dólares a monedas de un centavo, este dinero está clasificado del mayor al menor valor.

dimes

nickels

pennies

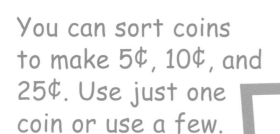

You can sort coins to make 5¢, 10¢, and 25¢. Use just one coin or use a few.

Tú puedes clasificar monedas para hacer 5¢, 10¢ y 25¢. Usa sólo una moneda o usa varias.

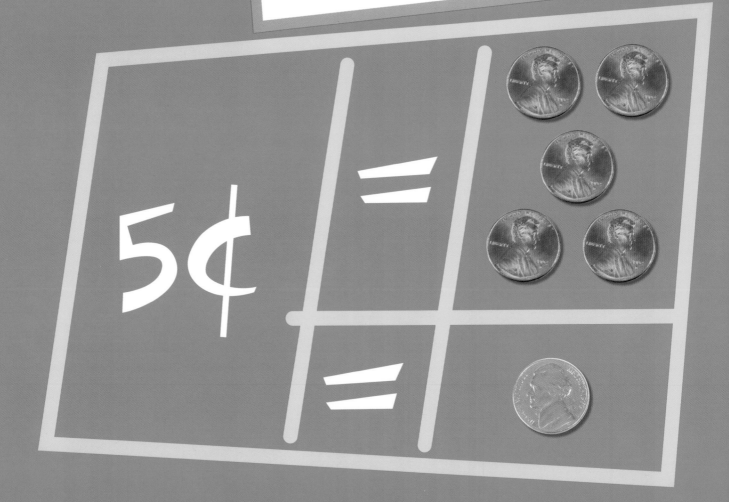

10¢ = =

25¢ = =

Make a Dollar

No matter how you sort it, a dollar always equals 100 cents. You can make a dollar in many different ways.

No importa cómo lo clasifiques, un dólar siempre equivale a 100 centavos. Puedes hacer un dólar de varias maneras.

This is a dollar.
Esto es un dólar.

Haz un dólar

This is a dollar.
Esto es un dólar.

This is a dollar.
Esto es un dólar.

Sorting Money in the Real World

You can spot sorting in all kinds of places. Let's look at some ways people sort money in the real world.

Tú puedes ver clasificar dinero en todo tipo de lugares. Miremos algunas de las maneras en que la gente clasifica dinero en el mundo real.

Some people collect coins. They use special books to sort their coins by age, mint, state, or other traits.

Algunas personas coleccionan monedas. Ellas usan libros especiales para clasificar sus monedas según la edad, fabricación, estado y otros rasgos.

Clasificar dinero en el mundo real

Cashiers use cash registers to sort and count money. The money is sorted and kept in the register's drawer.

Los cajeros usan el dinero en las cajas registradoras para clasificar y contar dinero. El dinero se guarda y mantiene en la bandeja de la caja registradora.

Banks use machines to sort coins for them. Bank workers dump the coins in, and the machine separates each kind of coin.

Los bancos usan máquinas para clasificar monedas. Los empleados del banco depositan las monedas y la máquina las separa por tipo de moneda.

Facts about Money

- Coins start out as blank circles. The blank coins are pickled, or soaked in a special mixture to make them clean and shiny. Powerful machines stamp images onto the coins. This process is called pressing.

- A place that presses coins is called a mint. There are four American mint locations. They make all of the United States' coins and some coins for other countries too.

- You've seen dollar bills, but did you know that there are dollar coins too? The Golden Dollar is a dollar coin that features Sacagawea and her baby. The coin is a yellowish color.

- The first American coins were created in the fall of 1792. They were worth five cents and were called half-dimes or dismes.

- For many years, most American coins were made from gold and silver. Now they are made out of other less-expensive metals.

- The average dollar bill wears out after about $1\frac{1}{2}$ years. Coins, on the other hand, last for about 30 years.

- According to legend, the United States' first coins were made out of silverware donated by the first lady, Martha Washington.

- The backside of the buffalo-nickel coin shows an American bison. Many claim that the bison shown was a real animal named Black Diamond from the New York Central Park Zoo.

Datos acerca del dinero

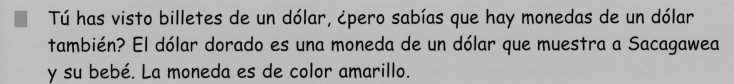

■ Las monedas comienzan como círculos en blanco. Las monedas en blanco son remojadas o bañadas en una mezcla especial para limpiarlas y para que brillen. Equipos poderosos estampan imágenes en las monedas. Este proceso se llama prensado.

■ Un lugar que prensa monedas se llama la Casa de la Moneda. Hay cuatro lugares que prensan monedas en Estados Unidos. Ellos hacen todas las monedas de Estados Unidos y también algunas monedas para otros países.

■ Tú has visto billetes de un dólar, ¿pero sabías que hay monedas de un dólar también? El dólar dorado es una moneda de un dólar que muestra a Sacagawea y su bebé. La moneda es de color amarillo.

■ Las primeras monedas norteamericanas fueron creadas en el otoño de 1792. Valían cinco centavos y se llamaban *half-dimes* o *dismes*.

■ Por muchos años, la mayoría de las monedas de Estados Unidos se hacía de oro y plata. Ahora se hacen con metales menos valiosos.

■ El billete de dólar promedio se gasta después de 1 ½ año. Las monedas, por otra parte, duran alrededor de 30 años.

■ Según la leyenda, las primeras monedas de Estados Unidos fueron hechas a partir de utensilios donados por la primera dama, Martha Washington.

■ El dorso de la moneda de cinco centavos que tiene un búfalo muestra un bisonte americano. Muchos alegan que el bisonte que se muestra era un animal real llamado Black Diamond del Zoológico de Central Park en Nueva York.

Glossary

bill—a piece of paper printed with a design and used as money

cent—a unit of money; 100 cents are equal to one U.S. dollar

coin—a small piece of metal stamped with a design and used as money

dollar—the main unit of money; one U.S. dollar is equal to 100 cents

set—a group of things that go together

sort—to arrange or separate things into groups

value—the amount that something is worth; each kind of coin has a different value

Internet Sites

FactHound offers a safe, fun way to find Internet sites related to this book. All of the sites on FactHound have been researched by our staff.

Here's all you do:

Visit *www.facthound.com*

Type in this code: 9781429682558

Super-cool stuff! Check out projects, games and lots more at **www.capstonekids.com**

Glosario

el billete—pedazo de papel impreso con un diseño que se usa como dinero

el centavo—una unidad de dinero; 100 centavos equivalen a un dólar americano

clasificar—arreglar o separar cosas en grupos

el dólar—la unidad principal de dinero; un dólar americano es igual a 100 centavos

el juego—grupo de cosas que van juntas

la moneda—un pequeño pedazo de metal estampado con un diseño que se usa como dinero

el valor—la cantidad que algo vale; cada tipo de moneda tiene un valor diferente

Sitios de Internet

FactHound brinda una forma segura y divertida de encontrar sitios de Internet relacionados con este libro. Todos los sitios en FactHound han sido investigados por nuestro personal.

Esto es todo lo que tienes que hacer:

Visita *www.facthound.com*

Ingresa este código: 9781429682558

¡Algo súper divertido! Hay proyectos, juegos y mucho más en **www.capstonekids.com**

Index

Índice